AsombrosoS MAMÍFEROS

TEXTO
ALEXANDRA PARSONS

FOTOGRAFÍAS
JERRY YOUNG

4ª edición

Bruño

ES UN LIBRO DORLING KINDERSLEY

Selección y coordinación de textos: Scott Steedman.
Diseñadores: Ann Cannings y Margo Beamish-White.

Ilustraciones: Mark Iley y John Bendall.

Animales proporcionados por «El Mundo Animal», de Trevor Smith.

Traducción: Juan Santisteban.

Coordinación editorial: Bruno Bucher.

Coordinadora de producción: Mar Morales.

ISBN 84-216-1270-0
Fotocomposición: Servigrafint, Madrid.
Fotomecánica: Colourscan, Singapur.
Impreso en Italia por A. Mondadori Editore, Verona.

Contenido

¿Qué es un mamífero?

Tú eres un mamífero. Los mamíferos son animales calientes al tacto, pues tienen la sangre caliente. La mayoría dan a luz bebés (no ponen huevos) y la madre produce leche para que la beban sus bebés.

Todos los mamíferos tienen algo de pelo. Incluso las ballenas tienen un poco.

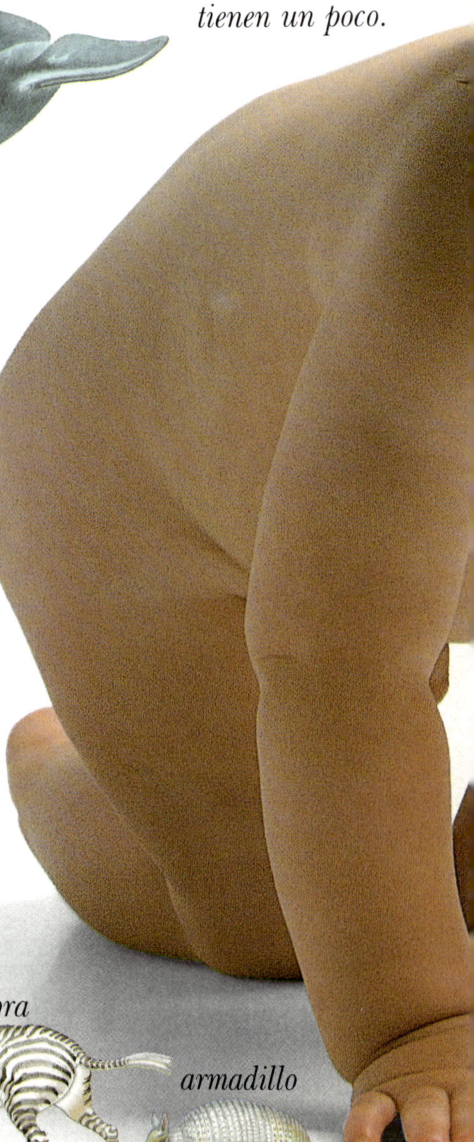

Tan grande como una casa
El más grande de los mamíferos es la ballena azul. ¡Tiene el tamaño de una casa y pesa tanto como 2.000 personas!

Más pequeño que un ratón
El más pequeño de los mamíferos es el murciélago abeja. ¡Con las alas extendidas mide la mitad de un ojo de la ballena azul!

¡Menudo equipo!
Hay miles de especies de mamíferos. Algunos viven en el agua, pero la mayoría viven en la tierra.

león

león marino

liebre

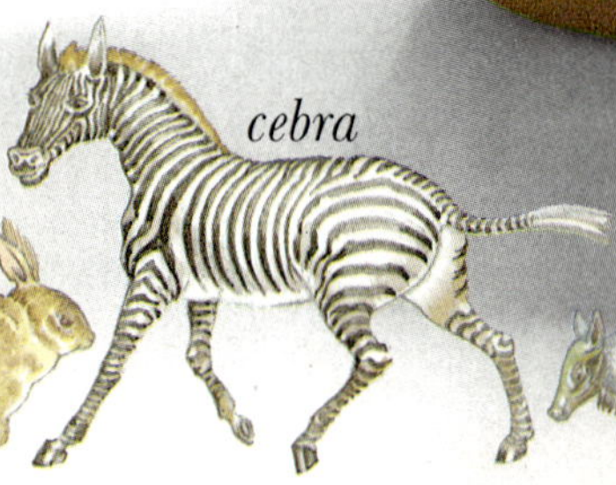

cebra

armadillo

Tú eres un primate, grupo de mamíferos que incluye a los monos y a los gorilas. Los humanos tienen un cerebro muy desarrollado y un espíritu capaz de elegir entre acciones buenas y malas.

Aprendiz lento

Los bebés humanos necesitan a sus padres durante mucho más tiempo que ningún otro animal, excepto el elefante. Los humanos no saben caminar ni hablar adecuadamente hasta que cumplen uno o dos años. Luego han de ir a la escuela a aprender a leer y a escribir. No alcanzan la mayoría de edad hasta los 18 años.

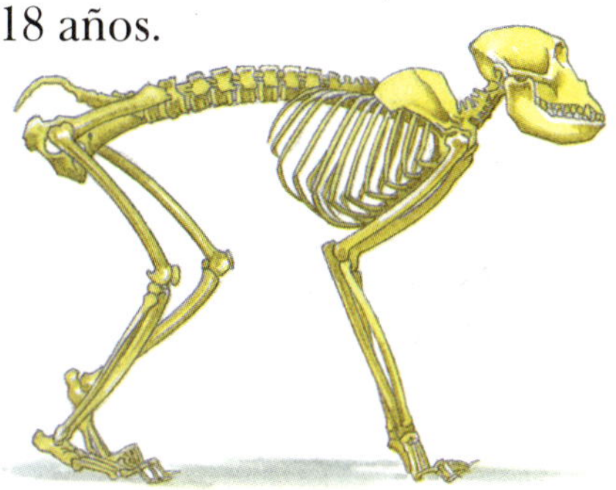

¡Mueve el esqueleto!

Todos los mamíferos tienen dentro de su cuerpo un esqueleto, que es un armazón de huesos. El eje del esqueleto es la columna vertebral. Los animales con columna vertebral se llaman «vertebrados», pues estas columnas están formadas por unos pequeños huesos llamados vértebras.

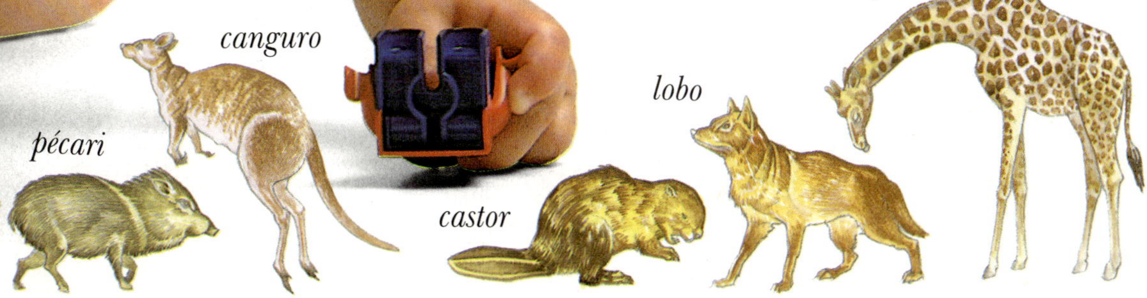

El elefante

Los elefantes son muy grandes. Son los animales terrestres más grandes. Un elefante adulto es más alto que un autobús... ¡y pesa tanto como 150 niños de tu edad!

seis años de edad

cría recién nacida

Elefante de la India

Los colmillos son dientes muy crecidos

Orejas grandes
Los elefantes viven en la India y en África. Los elefantes indios baten sus grandes orejas para refrescarse en las calurosas junglas. En África, por ser su clima más caluroso, las tienen aún mayores.

La parte más asombrosa de un elefante es su trompa, que en realidad es la nariz y el labio superior unidos y muy alargados.

Nariz manguera
Los elefantes dan múltiples usos a su trompa. La usan para oler, para coger la comida y tocarse entre sí, para echarse agua en la boca y ducharse. Les sirve incluso para berrear ruidosamente.

Buenas niñeras

Los elefantes hembras y sus hijos permanecen juntos en manadas familiares. Vayan donde vayan, son generalmente guiados por la hembra más grande, llamada «matriarca». Los machos adultos pasan solos la mayor parte del tiempo.

La sabiduría del elefante

Se dice que los elefantes son muy sabios. En Tailandia, la gente creía que si se susurraba un problema al oído de un elefante, éste haría una señal para decir cómo resolverlo.

La uña grande de la pata de un elefante adulto es mayor que toda tu mano.

Como King Kong

Para comer, los elefantes arrancan con la trompa ramas, hojas y manojos de hierba. ¡En ocasiones arrancan de cuajo árboles enteros!

El camello

¡Qué aspecto tan extraño tiene! Pero todo en la naturaleza tiene su razón de ser. El camello vive en desiertos donde hay poco que comer o beber, y su cuerpo está adaptado para pasar mucho tiempo sin comida ni agua.

¿Dónde me siento?
Cuando el camello tiene dos jorobas, te sientas entre las dos. Cuando sólo tiene una, sobre una silla de montar situada encima de la joroba.

¿Sed? ¡No hay problema!
El camello raramente tiene sed. Su cuerpo utiliza tan poca agua que puede sobrevivir hasta 10 meses sin un sorbo. Se queda en los huesos, pero después de beber copiosamente vuelve a estar en forma.

¡He aquí el problema!
Los camellos pueden ser útiles, pero también pueden ser unos cascarrabias y oler mal.

¿Trabajo? ¡No hay problema!
Sin camellos, la vida sería muy dura para la gente del desierto. Los camellos pueden llevar cargas pesadas y proporcionan leche para beber y una excelente lana gruesa para vestirse.

¿Calor? ¡No hay problema!
El camello puede soportar muy bien el calor. A diferencia de nosotros, no tiene bajo la piel mucha grasa que mantenga el calor.

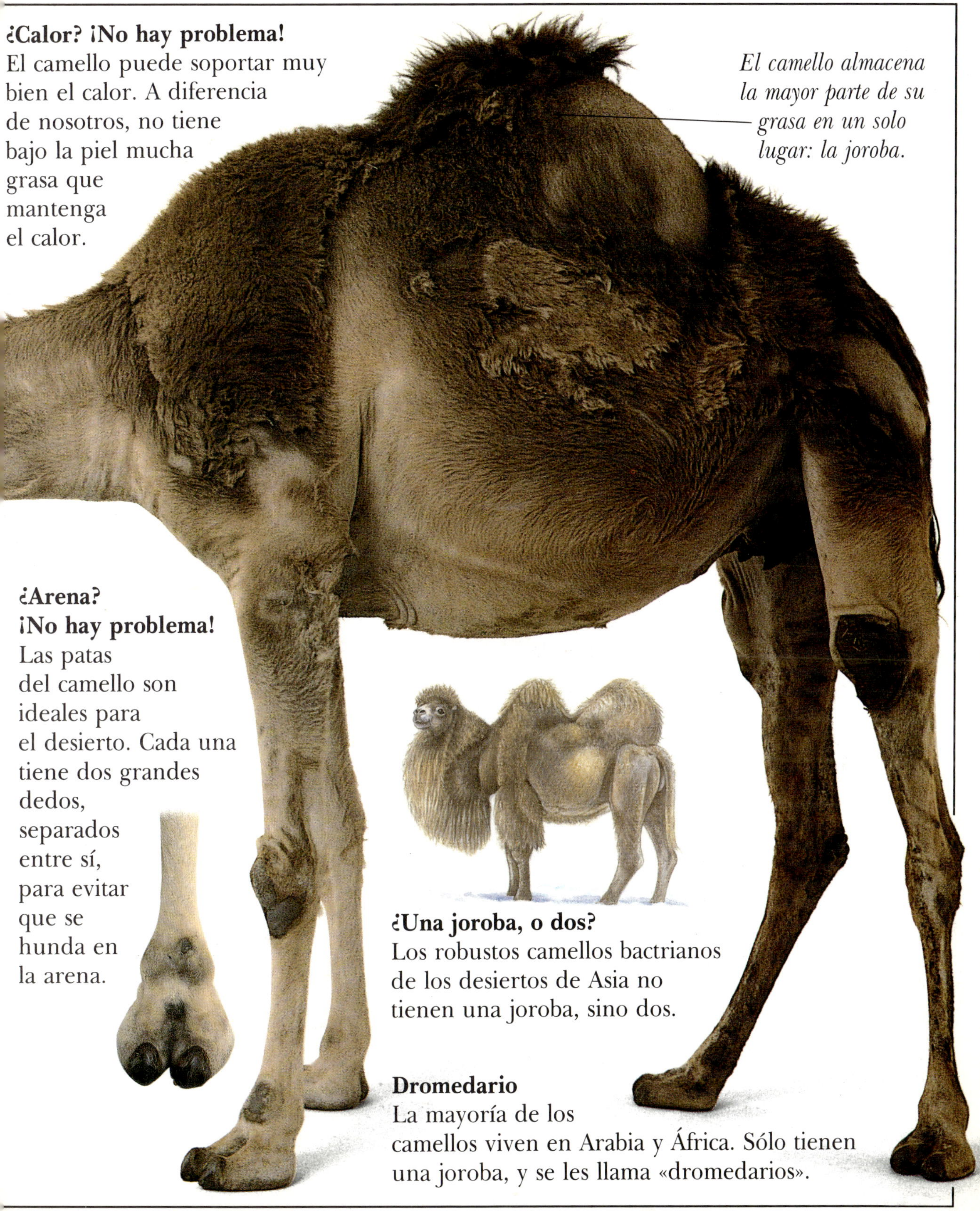

El camello almacena la mayor parte de su grasa en un solo lugar: la joroba.

¿Arena? ¡No hay problema!
Las patas del camello son ideales para el desierto. Cada una tiene dos grandes dedos, separados entre sí, para evitar que se hunda en la arena.

¿Una joroba, o dos?
Los robustos camellos bactrianos de los desiertos de Asia no tienen una joroba, sino dos.

Dromedario
La mayoría de los camellos viven en Arabia y África. Sólo tienen una joroba, y se les llama «dromedarios».

El zorro

Forma parte de la familia de los perros. Duerme todo el día en su guarida subterránea y sale por la noche a buscar alimento por campos y bosques.

Despensas secretas
Los zorros no sólo cazan cuando están hambrientos. A veces guardan el alimento en algún lugar secreto para tomarlo cuando sientan hambre.

Cazando al ratón
Los ratones son difíciles de capturar. El astuto zorro se acerca arrastrándose sigilosamente, da un gran salto y cae sobre su presa.

La astucia del zorro
Los zorros son famosos por su astucia. La fábula de *«El zorro y el cuervo»* relata cómo un zorro consigue que un cuervo suelte un trozo de queso. Lo adula y le pide que cante. Cuando abre su pico, el queso cae.

Los oídos del zorro son tan sensitivos que pueden percibir el arrastrarse de una lombriz situada al otro extremo de un campo.

¡Mmm, qué rico!
Los zorros comen de todo. Algunos incluso se acercan a escondidas a la ciudad y saquean los cubos de la basura.

El zorro ártico
No todos los zorros son rojos. En las regiones árticas vive una especie de zorro cuya blanca piel de invierno le sirve como un perfecto disfraz en la nieve.

Vida en familia
La zorra tiene unos cinco cachorros en cada parto. Cuida de ellos mientras papá zorro marcha a buscar comida. Ambos padres enseñan a sus cachorros a cazar y a luchar mientras juegan con ellos.

Los sonidos del zorro
Los zorros gañen, aúllan y ladran, al igual que los perros.

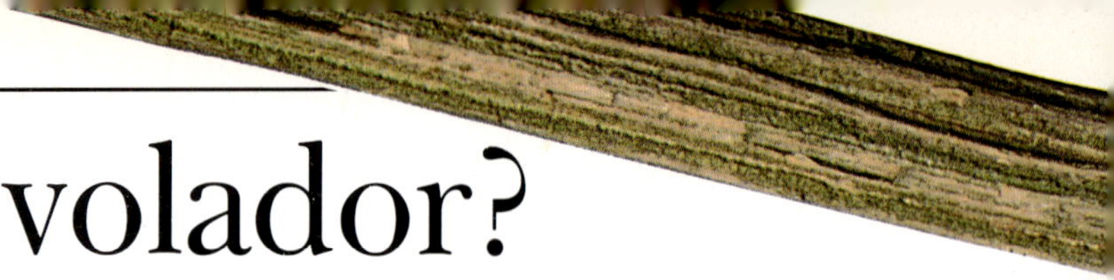

¿Un zorro volador?

Con su hocico peludo y sus grandes ojos, parece un pequeño zorro. Pero no lo es. Es un murciélago «come-frutos» que puede volar como un pájaro.

Detector de frutos

A algunos murciélagos «come-frutos» les gustan los plátanos maduros, tanto que los agricultores han de recoger la cosecha antes de que madure. Pero el fino olfato del murciélago detecta los plátanos maduros aunque estén en el almacén.

Club de murciélagos

La mayoría de los murciélagos son criaturas nocturnas. Durante el día permanecen colgados boca abajo en árboles y cuevas, dormitando, parloteando y limpiándose las alas. Desde lejos parecen paraguas cerrados.

Exprimidor de zumo

La boca del murciélago «come-frutos» funciona como un exprimidor de limones. Usa la lengua para aplastar el fruto contra unos salientes especiales del paladar. Después de extraer todo el zumo, escupe la piel y las pepitas.

Los zorros voladores cogen la fruta sin posarse en el suelo.

Muchos y variados

El mundo está lleno de murciélagos. Existen cerca de 1.000 especies. Este murciélago «come-frutos» egipcio es sólo una de las 170 especies distintas de zorros voladores.

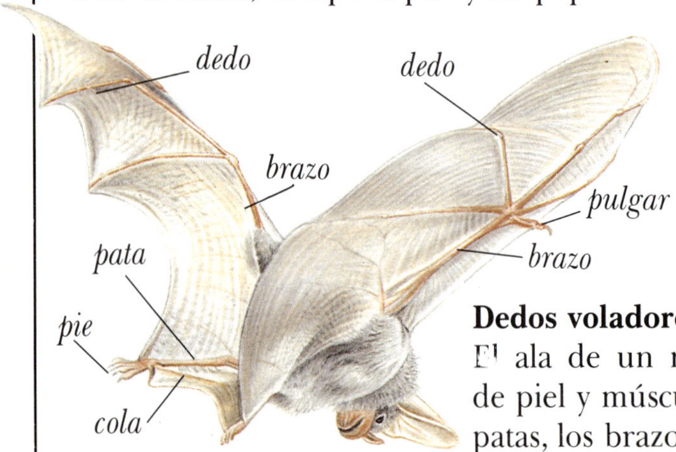

Dedos voladores

El ala de un murciélago es una capa fina y transparente de piel y músculo. Está tensada entre las huesudas patas, los brazos, la cola y los grandes y largos dedos.

Un «radar» perfecto
La mayoría de los murciélagos comen insectos, pueden atrapar a su presa en la oscuridad utilizando los oídos. Emiten unos chillidos (inaudibles para nosotros) y escuchan cómo rebotan éstos en los objetos cercanos.

Vampiros
El malvado Conde Drácula —que chupa la sangre a la gente— ha dado mala fama a los murciélagos vampiros. Aunque beben sangre, ésta suele ser de vacas y cerdos, no de seres humanos. Pero sí es verdad que viven en viejos castillos.

El perezoso

Pasa la mayor parte de su vida colgado boca arriba de árboles, en las lluviosas selvas de América del Sur. Se mueve muy lentamente y sólo se despierta por la noche.

Vida de pordiosero
«El que de joven
no trabaja,
de viejo duerme
en la paja».

¡Cochino!
Los perezosos no se limpian el pelaje, que acaba cubriéndose de una telilla verdosa, y a ella acuden a vivir polillas y escarabajos. Éste es un buen disfraz: hace que el perezoso parezca un conglomerado de hojas.

¡Qué lata!
La patas de los perezosos no están hechas para caminar. Si alguna vez éstos se encuentran en tierra (cosa poco frecuente), han de arrastrarse con las garras.

¡A nadar!
Los perezosos no son buenos para lavarse ni para caminar, pero nadan sorprendentemente bien en los ríos de la jungla.

Las garras del perezoso son enormes ganchos que le sirven para colgarse de las ramas.

El pelaje del perezoso crece hacia atrás para permitir que el agua de la lluvia resbale.

Bebés boca arriba
Mamá perezoso da a luz a sus bebés colgada boca arriba. El bebé se arrastra entre el pelaje de la barriga de su madre, buscando un pezón. Permanece allí, tomando leche, durante nueve meses, hasta que es capaz de colgarse por sí mismo.

La nutria

Las nutrias se sienten más a sus anchas en el agua que en tierra. La mayoría viven en ríos y arroyos, y hay una especie que pasa toda su vida en el mar. Todas nadan bien. Poseen cuerpos largos y esbeltos y una cola fuerte.

Patas curiosas
Las patas traseras de la nutria están palmeadas y parecen aletas.

Dulces sueños
Las nutrias marinas duermen tumbadas boca arriba sobre el agua. Se envuelven en algas para no ser arrastradas durante el sueño.

Chiquilladas de las nutrias
Las nutrias son muy juguetonas. Cuando no están cazando, se pasan las horas peleándose en broma buceando y deslizándose hasta el río por las pendientes de barro.

Pelaje confortable
Esta es una nutria asiática de río. Como todas las nutrias, tiene un magnífico pelaje, sedoso y suave. El pelaje retiene burbujas de aire para mantener abrigada a la nutria.

¡Preparados! ¡listos! ¡ya!
Las nutrias son nadadoras veloces y elegantes. La nutria marina puede nadar a 16 km/h., velocidad superior a la que tú puedes alcanzar corriendo.

Poniendo la mesa
La nutria marina come flotando de espaldas. Usa el pecho como mesa, y suele colocar una piedra plana como plato sobre el pecho. Y abre almejas y cangrejos golpeándolos contra la piedra.

Buen apetito
Las nutrias comen mucho, principalmente pescado y mariscos. Se sirven de sus largos bigotes para encontrar su comida en el fondo del río o del mar. Si atrapan un pez realmente grande, lo retienen contra el pecho valiéndose de los pies delanteros. Luego lo llevan a la orilla para comérselo.

A diferencia de los demás animales que viven en el agua, la nutria carece de una capa de grasa debajo de su piel para conservar el calor.

El mono ardilla

Este pequeño y bonito mono vive en grandes grupos en las selvas de América del Sur. A veces suman hasta 500 los monos que viajan juntos a través de las copas de los árboles, saltando de rama en rama como los acróbatas en el circo.

De tiros largos
Los monos ardilla han sido siempre muy populares como animales de compañía. Hubo un tiempo en que sus dueños mandaban hacerles sombreros y chaquetas a la medida, y se paseaban con ellos así vestidos sobre el hombro.

El mono utiliza su larga co para mantener el equilibri cuando camina por las ramas.

Los dedos de la mano
El mono ardilla utiliza las manos como ganchos para agarrarse a las ramas. Tiene los dedos largos y fuertes. Pero sus pulgares están tan separados de sus muñecas que no puede utilizarlos para agarrar cosas.

En relación con su tamaño, el mono ardilla tiene el cerebro más grande que ningún otro animal..., ¡incluido tú!

Bebiendo y dormitando
Las crías del mono ardilla marchan a cuestas de su madre, agarradas a su pelaje. Pasan las primeras semanas de su vida bebiendo leche y durmiendo.

Menú de mono
Los monos ardilla comen hojas, frutas y huevos de ave, sazonados con insectos y arañas y algún que otro manojo de flores.

Siempre acicalado
Los monos ardilla son muy puntillosos en su higiene personal. Están siempre lamiéndose y peinándose el pelaje. Con las manos se limpian las patas, la barriga y la cola, y con los pies se peinan la espalda, la cabeza y las orejas.

El puercoespín

Esta criatura es en realidad una especie de conejillo de Indias recubierto de agudas púas. Tiene unos bigotes asombrosamente largos.

Crías llenas de pinchos
Las crías del puercoespín nacen cubiertas de unas cerdas que se endurecen, transformándose en púas a las pocas horas.

Colas prensiles
A diferencia de sus primos africanos, éstos, americanos, pasan mucho tiempo en las copas de los árboles. Se agarran a las ramas con sus largas colas y fuertes garras.

Buenos modales
Los puercoespines comen con limpieza. Sujetan su comida contra el suelo con las garras delanteras y la mordisquean con los largos y afilados dientes.

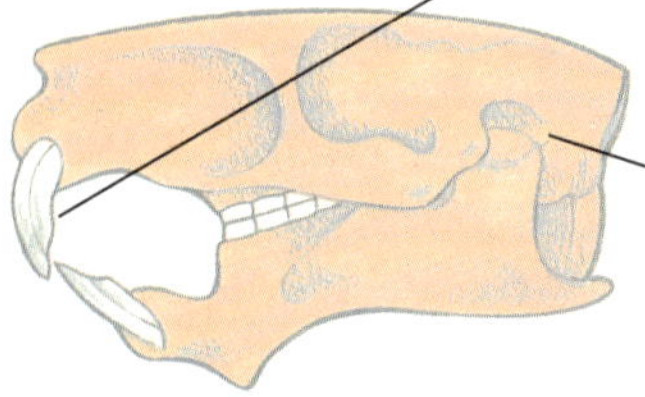

No necesita ir al dentista
El puercoespín es un roedor, pues tiene los dientes delanteros largos y afilados para roer. Tan pronto como se le desgastan, le vuelven a crecer.

Este puercoespín africano utiliza sus bigotes para orientarse en las madrigueras.

¡Ay!
Las púas del puercoespín pueden soltarse y clavarse en la piel de un enemigo. Si la herida se infecta, incluso un animal tan grande como un león puede morir. Son como flechas envenenadas.

¡Temblad de miedo!
Cuando es amenazado, el puercoespín vuelve la espalda a su atacante, hace sonar las púas, gruñe y patalea. Si ninguna de estas fanfarronadas da resultado, se vuelve hacia su enemigo con las púas por delante.

Para espantar a sus atacantes, el puercoespín hace sonar las huecas púas contra la cola.

Peinado punky
Las púas del puercoespín son pelos que se mantienen tiesos sin necesidad de fijador.

El tigre

Los tigres son los animales más grandes de la familia de los gatos. Hubo un tiempo en que los tigres estuvieron a punto de extinguirse, pues mataban a miles de ellos para obtener su piel. Actualmente están protegidos por la ley.

Preparado para matar
El tigre busca a su presa olfateando el aire. Cuando la ve, se acerca a ella sigilosamente hasta estar lo suficientemente cerca para atacar. Ataca de lado o por detrás, hiriendo a su presa con las zarpas y matándola luego con un rápido mordisco en la garganta.

Este pequeño cachorro tiene sólo diez semanas, pero cuando crezca será un poderoso cazador.

¿Devoran los tigres a la gente?
Generalmente, no. Pero si un tigre está enfermo o demasiado viejo para cazar sus presas habituales, puede atacar a la gente.

Ciego y sin dientes
Al igual que los gatitos, los cachorros de tigre nacen ciegos y sin dientes. Las franjas de su pelaje, poco coloreadas, se irán oscureciendo a medida que los cachorros crezcan.

Esta tierra es mía
Mientras mamá tigresa cuida de sus cachorros, papá tigre recorre su territorio, advirtiendo a otros tigres que permanezcan alejados.

Como todos los gatos, el tigre puede mantener recogidas sus garras hasta que las necesite para cazar a su presa.

En blanco y negro
Los tigres blancos raramente se encuentran en estado salvaje, pero son muy comunes en los zoológicos.

Deportes acuáticos
Los tigres son nadadores resistentes. Si un tigre no encuentra animales grandes que comer, se dirige hacia un río para capturar peces e incluso ranas.

Jugando al escondite
Las franjas de la piel del tigre armonizan con las luces y sombras de la selva. El tigre puede acercarse sigilosamente a su presa sin ser visto.

Cuidando al bebé

Los bebés de mamíferos comienzan a crecer en el interior de sus madres y permanecen allí dentro hasta que están preparados para nacer. Sus padres cuidan de ellos hasta que son mayores.

En la bolsa de mamá
Cuando nace un koala está muy poco desarrollado. Es rosado, está arrugado y es tan pequeño como un guisante. Este mini-bebé se mete en el cálido marsupio de su madre, se pega a un pezón y no se marcha en cinco meses. Crece en silencio, bebiendo leche y durmiendo.

Un oso que no es un oso
El koala es un animalito que inspira cariño. Parece un osito de peluche, pero no es un oso. Es un marsupial, o sea, un mamífero que lleva a sus bebés en un marsupio (bolsa de la barriga). Como otros muchos marsupiales, los koalas sólo se encuentran en Australia.

Mamá jirafa con su cría

Leche materna
Los mamíferos como el koala y el ornitorrinco son casos aislados. La mayoría de los mamíferos dan a luz bebés que no necesitan bolsa marsupial. Lo primero que hacen estos bebés es buscar un pezón y tomar un buen trago de leche.

Un mamífero que pone huevos
El ornitorrinco es un animal tan raro como su nombre. Parece una nutria pequeña con pico de pato. Es un mamífero muy especial, pues pone huevos. Los ornitorrincos son muy primitivos. Quizá ya existieran hace 70 millones de años.

Una elefanta preñada tiene que esperar 22 meses hasta que nazca su cría, casi dos años, más que cualquier otro mamífero.

	Número *habitual de bebés*	**Tiempo** *dentro de la madre*	**Edad** *a la que deja de beber leche materna*
Ser humano	1	9 meses	6-9 meses
Elefante africano	1	22 meses	3-4 años
Dromedario	1	14 meses	9-18 meses
Zorro rojo	4-6	7 semanas	8-10 semanas
Murciélago «come-frutos»	1	4 meses	3-5 meses
Perezoso de dos dedos	1	6 meses	3-4 semanas
Nutria asiática de garras cortas	3	2 meses	3-4 meses
Mono ardilla de gorro negro	1	5 meses	5-6 meses
Puercoespín africano	1-3	4 meses	4-6 semanas
Tigre indio	3-4	15 semanas	3-5 meses
Koala	1-2	7 semanas	6-12 meses

Índice alfabético